누리 과정에서 쏙쏙

자연탐구 탐구과정 즐기기 – 주변 세계와 자연에 대해 지속적으로 호기심을 가진다.
자연과 더불어 살기 – 생명과 자연환경을 소중히 여긴다.

초등 과정에서 쏙쏙

통합 겨울1 2. 숲속의 겨울 – 동물의 겨울나기
통합 겨울2 1. 겨울 풍경 – 겨울을 준비해요
과학 3-2 1. 동물의 생활 – 2. 사는 곳에 따른 동물의 생활

감수 및 추천 이명근 박사(미국 존스홉킨스 대학교 교수 역임, 현재 연세대학교 보건대학원 교수)

세계 곳곳의 재난지에 뛰어들어 어린이들은 물론 도움이 필요한 사람들을 구조하며 봉사의 삶을 사는 분입니다. 알아야 더 잘할 수 있다는 믿음으로 연세대학교 보건대학원에 '국제 재난 대응 전문가 과정'을 개설하여 많은 재난 구조 전문가를 양성하고 있습니다. 국제 NGO인 '머시코'(Mercy Corp.)와 UNDP(유엔경제개발계획)에서 활동하기도 했습니다. 지금은 재난 구호의 필요성을 알리고, 아시아와 아프리카의 개발을 위해 '코이카'(KOICA, 한국국제협력단)와 국제 개발 기관인 '글로벌 투게더' 등과 함께 봉사에 앞장서고 있습니다.

글 로라 괴링

칼튼 대학에서 러시아어와 러시아 문학을 가르치고 있습니다. 해마다 시를 써 시집을 발표했고, 잡지에 글을 기고하기도 했습니다. 이 책은 그녀가 처음 쓴 어린이 책입니다.

그림 로라 자크

25년 동안 광고 회사와 출판사에서 주로 자연 및 환경에 관련된 그림을 그리며 프리랜서 일러스트레이터로 활동했습니다. 작업한 책으로는 〈아기 올빼미 구조하기〉, 〈휘파람 소리를 내는 날개〉, 〈열대 우림에서〉, 〈야생 동물의 피난처〉, 〈교실 여행〉, 〈달콤한 마그놀리아〉 등이 있습니다. 2008년부터 로키 산 국립 공원의 아트 디렉터로 일하고 있으며, 국립 공원 보호를 위해 많은 후원을 하고 있습니다. 우리 모두의 미래를 위해 많은 어린이들이 환경 지킴이가 될 수 있도록 앞으로도 자연 및 환경과 관련된 그림을 많이 그리려고 합니다.

동물 | 철새

09. 고니의 행복한 겨울 여행

글 로라 괴링 | **그림** 로라 자크
펴낸곳 스마일 북스 | **펴낸이** 이행순 | **제작 상무** 장종남
대표 조주연 | **주소** 서울특별시 종로구 사직로8길 20, 103호
출판등록 제2013-000070호 **홈페이지** www.smilebooks.co.kr
전화번호 1588-3201 **팩스** (02)747-3108
기획·편집 조주연 김민정 김인숙 | **디자인** 김수정 정수하
사진 제공 및 대여 셔터스톡 연합뉴스 프리픽

Text copyright ⓒ 2008 by Laura Goering
Illustrations copyright ⓒ 2008 by Laura Jacques
All rights reserved ⓒ Arbordale Publishing
Korean translation rights ⓒ Smilebooks Co. 2010
This Korean edition was published by arrangement with Arbordale Publishing through Propons Agency.

⚠ 책을 집어던지면 다칠 수 있으니 조심하십시오. 잘못 만들어진 책은 바꾸어 드립니다.

고니의 행복한 겨울 여행

글 로라 괴링 | 그림 로라 자크

Smile Books

🍅 **고니는 어떤 새인가요?**
고니는 우리가 흔히 '백조'라고 알고 있는 새예요. 털 빛깔이 희고, 날개가 크며, 목이 길어요. 여름 동안에는 러시아 북부의 시베리아 연못에서 떼를 지어 살다가, 겨울이 되면 우리나라를 찾아와요. 주로 물풀이나 조개, 물고기를 잡아먹고 살아요.

여기는 북쪽 시베리아 지방이에요.
코끝에 닿는 바람이 점점 차가워지고 있어요.
얼마 안 있으면 땅도 호수도
모두 꽁꽁 얼어붙을 거예요.
"마르셀, 이제 멀리 떠날 준비를 해야겠구나."
엄마 고니가 말했어요.
"우리 그냥 여기서 지내면 안 돼요?"
어린 마르셀은 어리광을 부렸어요.

여행은 정말 힘들고 위험한 일이에요.
하지만 이곳에서 계속 지낼 수 없다는 것을
어린 마르셀도 잘 알고 있지요.
호수가 얼어붙으면 더 이상
먹이를 구할 수 없기 때문이에요.

*서리가 하얗게 내린 날,
마르셀의 아빠가 중대한 발표를 했어요.
"우리는 내일 따뜻한 남쪽 지방으로 떠나기로 했단다."
"좀 더 있으면 안 돼요?"
마르셀이 또다시 투정을 부렸어요.
"모두가 결정한 일이야."
아빠의 목소리는 엄했어요.

서리 날씨가 추워져서 대기 중의 수증기가 그대로 얼어 사물에 하얗게 엉겨 붙은 가루 모양의 얼음이에요.

그날 밤 마르셀은 꿈을 꾸었어요.
꿈속에서 마르셀은 쉬지 않고 날개를 퍼덕였어요.
하지만 조금도 나아가지 못했지요.
"아빠, 거의 다 왔어요?"
"아직 더 가야 한단다. 서둘러야 해."

이른 새벽, 마르셀은 꿈속에서 지치도록
날갯짓만 하다가 잠에서 깼어요.
'여행은 정말 싫어!
여행을 가지 않을 무슨 좋은 방법이 없을까?'
마르셀은 호숫가 덤불 속에 몸을 숨겼어요.
날이 밝자, 고니들은 서둘러 여행길에 올랐어요.
마르셀이 사라진 것도 모른 채 말이에요.

모두가 떠나자, 호수는 텅 비었어요.
하지만 혼자 남은 마르셀은 왠지 즐겁지가 않았어요.
'지금이라도 부지런히 날면 엄마, 아빠를 만날 수 있을까?'
마르셀은 하늘을 보다가 자기도 모르게 눈물이 났어요.

그때 사향쥐가 물 위로 머리를 쏙 내밀었어요.

"고니야, 왜 울고 있니?"

"나 혼자서 어떻게 겨울을 나지?"

마르셀이 울먹이며 말했어요.

"걱정 마. 내가 가르쳐 줄게."

사향쥐는 어떤 동물이에요?
사향쥐는 추운 지역의 연못이나 강둑에서 살아요.
커다란 뒷발에 물갈퀴가 있어 헤엄을 잘 쳐요.

사향쥐는 얼음 구멍 속으로 풀잎을 넣었어요.
"이렇게 풀잎으로 집을 만들고
얼음 밑으로 들어갔다 나왔다 하면 돼."
고니는 사향쥐처럼 얼음 밑에서
헤엄을 칠 수 없어요.
마르셀이 고개를 젓자, 사향쥐가 말했어요.
"그러지 말고 엄마를 찾아가렴."

갑자기 커다란 검은 그림자가 호수에 드리워졌어요.
사향쥐는 재빨리 물속으로 사라졌어요.
검독수리예요!

검독수리는 어떤 동물이에요?
검독수리는 온몸이 어두운 갈색이고, 꽁지에 회색의 가로무늬가 있어요. 노랗고 커다란 발, 큰 발톱이 특징이에요. 검독수리는 철새가 아니랍니다.

검독수리는 날카로운 발톱을 세우고
마르셀을 향해 날아왔어요.
마르셀은 아직 얼지 않은 물속으로
재빨리 뛰어들었어요.
독수리는 아쉬운 듯 그 자리를 빙빙 돌더니,
물고기만 한 마리 채어 다시 날아갔어요.
"후유, 살았다!"
마르셀은 그제야 마음을 놓았어요.

하늘은 점점 어두워졌어요.
모든 소리가 사라져 버린 듯 고요하기만 했어요.
'이제 어떻게 하지?'

마르셀은 머리를 날개 아래에 묻고 눈을 감았어요.
"고니야, 그런 데서 잠자면 안 돼."
너구리가 소리쳤어요.
"이리 와. 내가 멋진 침대를 빌려 줄게."
속이 텅 빈 통나무를 가리키며 너구리가 말했어요.

"나는 이쪽에서 잘 테니까, 너는 저쪽에서 자렴.
자다 보면 금방 봄이 올 거야."
너구리는 길게 하품을 하고는 통나무 속으로 들어갔어요.

너구리는 왜 겨울 내내 잠을 자요?
너구리는 보통 겨울잠을 안 자지만, 추운 곳에 사는 너구리는 겨울잠을 자요. 겨울에는 날씨가 추워지고 먹이도 줄어서 힘을 아끼려고 잠을 자는 거랍니다.

마르셀도 통나무 속으로 들어가고 싶었어요.
그러나 통나무는 마르셀에게 너무 작았어요.
아무리 몸을 들이밀어도 들어갈 수가 없었지요.

마르셀은 하는 수 없이 통나무 옆에 몸을 기댔어요.
눈을 감자 엄마, 아빠 얼굴이 떠올랐어요.
'엄마, 아빠, 보고 싶어요.'

그때 어디선가 날개를 퍼덕이는 소리가 들려왔어요.
'누구지? 누가 오는 걸까?
아니야, 그럴 리가 없어.'
마르셀은 꿈을 꾸고 있다고 생각했어요.
그런데 "후~ 후~ 후~." 하는 익숙한 소리가 들렸어요.
마르셀은 깜짝 놀라 벌떡 일어났어요.

"마르셀, 어디 있니? 마르셀!"
그건 바로 마르셀을 찾는 엄마, 아빠의 목소리였어요.
"엄마! 아빠! 여기예요!"
마르셀은 얼음 위로 달려갔어요.
그러고는 엄마의 품에 꼭 안겼어요.

"네가 없는 줄도 모르고 떠나다니…….
그동안 혼자서 얼마나 무서웠니?"
엄마는 눈물을 글썽였어요.
그사이 아빠는 얼음을 깨고
남아 있는 마지막 풀을 찾아 마르셀에게 먹였어요.

"아빠, 달빛이 멋져요!"

"그래, 달님이 환하게 길을 밝혀 주는구나.

자, 이제 떠나자!"

아빠가 먼저 힘차게 하늘을 날아올랐어요.

그 뒤를 따라 엄마와 마르셀이 훨훨 날아올랐지요.

이내 마르셀의 날개는 바람을 타기 시작했어요.

우포늪까지는 아주 먼 여행이지만

마르셀은 행복한 여행을 하게 되어 몹시 기뻤답니다.

우포늪은 어디에 있어요?
경상남도 창녕군에 위치한 우포늪은 우리나라 최대의 자연 늪지예요.
우포늪에는 물속에서 사는 식물들이 많아요. 그래서 큰고니, 청둥오리,
큰기러기 등의 겨울 철새들이 머무른답니다.

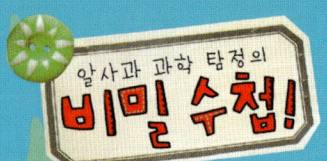

따뜻한 곳으로 옮겨 다니는 새들

원래 살던 곳이 추워지면 따뜻한 곳을 찾아 먼 거리를 옮겨 가서 지내는 새를 **철새**라고 해요. 철새에는 여름 철새와 겨울 철새가 있답니다.

겨울 철새

우리나라에서 겨울을 보내는 철새예요. 매년 10월 말에 날아와 3월 초까지 머물러요. 겨울 철새가 우리나라로 오는 이유는 먹이를 구하기 위해서예요. 겨울 철새의 고향은 너무 추워서 먹을 것을 구할 수가 없어요.

여름 철새

우리나라에서 여름을 지내는 철새예요. 매년 4월부터 5월 말 즈음에 날아와 우리나라에서 여름을 보내고, 가을이 되면 따뜻한 남쪽 나라(타이완, 타이 등)로 날아가요.

고니는 목을 곧게 펴고 물 위를 헤엄쳐요. 시베리아에서 알을 낳은 후, 겨울에 우리나라로 와서 저수지나 늪, 강가에서 살아요.

청둥오리는 우리나라에서 흔하게 볼 수 있는 겨울새예요. 여름에 수컷의 머리와 목의 깃털은 반짝이는 녹색이에요.

붉은부리갈매기는 여름에는 머리 깃털이 초콜릿색이지만 겨울에는 흰색으로 변하고, 눈의 앞과 뒤에 갈색 얼룩이 생겨요. 겨울에 우리나라 남해안에서 볼 수 있어요.

제비는 집이나 건물 틈새에 둥지를 짓고, 알을 낳아요. 파리나 벌, 잠자리 같은 곤충을 먹고, 겨울에는 남쪽으로 옮겨 가요.

물총새는 여름에 저수지 주변이나 개울가에서 볼 수 있어요. 벼랑에 구멍을 파고 알을 낳아요. 주로 작은 물고기를 잡아먹고 살아요.

황로는 여름새로 가슴과 어깨 사이의 깃이 황갈색이에요. 높은 나무의 가지에 둥지를 만들어 알을 낳아요. 곤충이나 개구리, 새우를 먹어요.

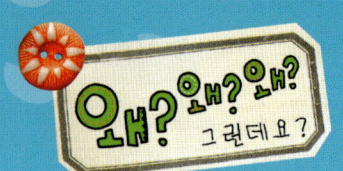

철새에 대한 요런조런 호기심!

철새는 왜 가을에 떠나요?

철새가 나라와 나라를 오가는 아주 먼 거리를 이동하는 이유는 추위와 먹이 때문이야. 늦가을이 되면 날씨가 추워지고 먹을 것이 없어. 그래서 철새는 더 따뜻하고 먹을 것이 많은 남쪽 지방으로 옮겨 가는 거야. 철새는 매일매일 태양의 위치가 조금씩 달라지는 것을 보거나 몸에 생기는 변화를 느끼고 나서 이동할 때가 된 것을 안다고 한단다.

밤에 이동하는 철새는 저녁노을이 질 때쯤 여행을 시작해요.

철새는 어떻게 길을 잘 찾아가요?

철새가 길을 잘 찾아가는 이유에 대해서는 여러 가지 연구 결과가 있지만, 정확히 밝혀진 것은 없어. 지구에는 우리 눈에는 보이지 않지만 사물을 끌어당기는 힘이 있어. 그런데 철새는 뇌 속에 작은 자석 같은 물질이 있어서 지구가 끌어당기는 힘과 같은 방향으로 날아간다는 거야. 그래서 철새는 길을 잃지 않고 해마다 같은 곳으로 찾아가지. 또는 별자리를 보고 가거나 강, 산, 땅의 모양을 기억해 두고 길을 찾아가기도 한단다.

철새들은 지구가 끌어당기는 힘을 나침반으로 삼아 먼 거리를 정확히 찾아가요.

철새는 왜 브이(V) 자로 날아요?

철새 중에서 기러기는 브이 자로 날아가는 새로 유명해. 이런 모양을 하고 있는 것은 날아갈 때 최대한 힘을 아끼기 위해서야. 맨 앞에 있는 기러기가 날갯짓을 하면, 날개 뒤편에서 휭 바람이 일어나. 그러면 뒤에 있는 기러기들은 바람을 타고 쉽게 날 수 있어. 맨 앞은 경험이 많고 힘센 기러기들이 번갈아 가며 자리를 맡는단다.

기러기는 브이 자 모양을 만들어 최대한 적은 힘을 들여 날아가요.

새는 모두 이동을 하며 사나요?

아니야. 모든 새가 다 이동하지는 않는단다. 사계절 내내 우리나라에서 지내는 새도 많아. 이런 새를 '텃새'라고 해. 텃새는 우리 땅에 살면서 알을 낳고, 새끼를 키우며 살아. 우리 주변에서 흔히 볼 수 있는 참새나 까치, 꿩, 원앙, 딱따구리, 까마귀, 종다리는 텃새란다.

우리 주변에서 흔히 보는 참새는 대표적인 텃새 중의 하나예요.

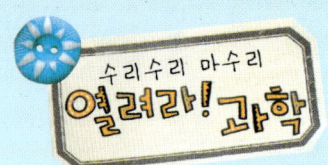

고니, 다 모여라!

고니는 나라마다 살고 있는 종류가 조금씩 달라요. 이 책에 나오는 고니의 종류는 큰고니예요.

온몸이 흰색인 **큰고니**는 러시아 북동부에서 알을 낳고, 우리나라와 일본 등지에서 겨울을 보내요.

목이 검은색인 **검은목고니**는 남아메리카 대륙에서 볼 수 있어요.

흑고니는 오스트레일리아에 살아요. 다른 고니류와 달리 텃새로, 태어난 곳에서 평생 살아요.

북아메리카 대륙에서 볼 수 있는 **울음고니**는 우는 소리가 마치 나팔 부는 소리 같아요.

나도 철새 박사가 되고 싶어요!

경상남도 창녕군 우포늪에 가면 겨울 철새와 여름 철새를 관찰할 수 있어요.
철새를 관찰할 때에는 꼭 지켜야 할 것이 있어요. 무엇이 있는지 알아볼까요?

1. 밝은색 옷은 피해요. 새의 눈에 금방 띌 수 있어요.
2. 망원경과 수첩, 연필을 챙겨요.
3. 관찰 일기에 날짜, 시간, 날씨, 장소, 새의 이름 등을 자세히 기록해요.
4. 절대 철새 주위에 가까이 가면 안 돼요.

모자, 수첩, 망원경, 삼각대, 웃옷 (따뜻하고 비를 막아 주어야 함.), 장화, 배낭, 쌍안경, 활동하기 편한 옷

어린이들이 우포늪에서 새를 관찰하고 있어요.

겨울 철새인 고니가 1월에 우포늪에서 지내는 모습이에요.